PORTRAITS-ROBOTS DES HOMMES À ÉVITER : LE GUIDE DE SURVIE POUR LES FEMMES MODERNES

IANA BELDEKIEV

PORTRAITS-ROBOTS DES HOMMES À ÉVITER : LE GUIDE DE SURVIE POUR LES FEMMES MODERNES

Cette œuvre, y compris les images, est protégée dans toutes ses composantes par les dispositions du Code de la propriété intellectuelle, notamment celles relatives aux droits d'auteur. Toute reproduction ou diffusion au profit de tiers, à titre gratuit ou onéreux, de tout ou partie de cette œuvre, est strictement interdite et constitue une contrefaçon prévue par les articles L 335-2 et suivants du Code de la Propriété Intellectuelle

Édition Novembre 2023 – Iana BELDEKIEV

Copyright © 2023 – Tous droits réservés

Avant-propos

Le choix de notre partenaire est l'une des décisions les plus importantes que nous puissions prendre au cours de notre vie. Il peut influencer chaque aspect de notre existence, de notre bonheur à notre bien-être émotionnel. Cependant, ce n'est pas tout, car cette décision peut également avoir un impact sur notre famille, en particulier nos enfants pour celles d'entre nous qui en ont. C'est pourquoi j'ai souhaité rédiger "Portraits-robots des hommes à éviter : le guide de survie pour les femmes actuelles". Mon objectif avec cet ouvrage est de vous aider à naviguer dans le tumulte des relations et à prendre des décisions éclairées pour votre avenir, tout en ayant à cœur le bien-être de vos proches, en particulier de vos descendants.

Nous sommes des femmes fortes et indépendantes. Nous méritons le meilleur dans nos relations, ce qui implique de choisir des partenaires qui nous soutiennent inconditionnellement, qui nous respectent profondément et qui nous aident à grandir à tous les niveaux. Mais comment pouvons-nous être sûres de faire les bons choix dans un monde où la duplicité règne ? Comment éviter les nombreux pièges qui peuvent surgir sur le chemin de l'amour ?

C'est ici que le guide que vous tenez entre vos mains entre en jeu. Ses pages vous permettront de découvrir un éventail des caractéristiques et des comportements masculins à surveiller. Nous discuterons des signaux d'alarme émotionnels et comportementaux, des "red flags" qui devraient nous inciter à la prudence. Nous examinerons en détail les hommes à éviter, qu'ils soient infidèles, alcooliques, violents, manipulateurs, ou bien d'autres. Nous aborderons également la question de la compatibilité émotionnelle, financière, et des valeurs, qui sont essentielles pour établir et maintenir les relations saines et durables auxquelles nous avons droit.

Le but de ce guide est de vous armer de connaissances, de vous donner les outils nécessaires pour prendre des décisions éclairées dans vos relations. Vous méritez l'amour et le respect, et vous ne devriez jamais vous contenter de moins. Nous explorerons ensemble les signes précurseurs de relations toxiques et les moyens de les éviter afin de préserver votre bien être et votre sécurité.

Je vais partager avec vous des histoires, des conseils pratiques, et des stratégies pour identifier les hommes à éviter. La clé de cette identification réside dans la connaissance et l'analyse. Plus nous comprenons les comportements et les caractéristiques à surveiller, plus nous sommes en mesure de prendre des décisions judicieuses.

Je désire que mon expérience et mes propos deviennent pour vous une source d'inspiration pour prendre les décisions les plus avisées pour choisir le partenaire qui vous convient le mieux. Nous sommes des femmes fortes et nous méritons toutes le bonheur et l'amour dans nos vies.

Chapitre 1

Les hommes infidèles

Dans notre exploration des différents types d'hommes à éviter, nous commencerons par l'un des plus courants et potentiellement dévastateurs : l'infidèle. Il s'agit de l'homme qui ne peut résister à l'appel de l'herbe prétendument plus verte ailleurs, et qui, lorsqu'il se fait prendre dans un acte d'infidélité, revient souvent en suppliant et en demandant pardon. Les hommes infidèles peuvent être particulièrement odieux. J'ai une amie qui a été trompée par son mari le jour même de son mariage. C'est dire si nous devons être vigilantes pour ne pas avoir à subir une telle horreur. Nous allons voir les signes de l'infidélité, les raisons pour lesquelles elle peut être toxique, comment identifier un homme infidèle, et enfin, les précieux conseils pour éviter ces tristes individus.
1. Les signes de l'infidélité : lorsque nous entrons dans une relation, la confiance est l'un des fondements les plus précieux. Cependant, l'infidélité peut ébranler cette confiance de manière irréparable. Il est essentiel de connaître les signes qui peuvent indiquer qu'un homme est infidèle. Bien sûr, il est important de se rappeler que ces signes ne sont pas toujours une preuve

définitive d'infidélité, mais ils peuvent certainement être des indicateurs qui doivent vous alerter.

- des changements soudains d'habitudes : si votre partenaire commence à modifier subitement ses habitudes, comme rentrer plus tard du travail sans explication valable, cela pourrait être un signe.

- des secrets et une confidentialité excessive : l'infidélité s'accompagne souvent de cachotteries, de mots de passe sur les téléphones et sur les réseaux sociaux, ainsi que d'une protection excessive de la vie privée. Je dois vous avouer que mon amoureux m'a donné spontanément le code d'accès à son téléphone portable et me laisse toute liberté pour explorer à ma guise. En pratique je n'explore pas, je suis tranquillisée par son attitude, je me sers de son téléphone pour choisir les musiques lorsque nous sommes en voiture ou pour mettre le GPS et quelquefois pour des appels.

- une diminution de l'intimité : si votre vie sexuelle connaît un déclin inexpliqué, cela peut être un signe d'infidélité. Certains hommes infidèles peuvent devenir émotionnellement distants et ajoutent ainsi à la tromperie un manque d'attention à notre égard.

- des changements d'attitude et de comportement : une attitude évasive ou défensive face à des questions sur la relation peut indiquer un comportement trompeur.

2. Pourquoi l'infidélité peut être toxique : l'infidélité peut être extrêmement toxique pour une relation. Elle ébranle la confiance, détruit l'intimité émotionnelle et peut causer une douleur profonde. La trahison est souvent suivie de culpabilité, de colère et de ressentiment, et les conséquences peuvent être dévastatrices pour toutes les personnes impliquées. Je suis certaine que vous connaissez des tas d'histoires dramatiques liées à

l'infidélité. Je vais vous raconter celle d'un couple d'amis dont le mari a trompé l'épouse. Désespérée elle s'est suicidée. Le couple avait des enfants dont un garçon, lequel souhaite maintenant le décès de son père. Voilà ce que peut entraîner l'infidélité.

L'infidélité peut également mettre en danger la santé émotionnelle, car elle crée un climat de méfiance et de paranoïa. La personne qui a été trompée peut se retrouver à se demander si elle est incapable de satisfaire les besoins de son partenaire ou si elle est indigne d'amour.

3. Comment identifier un homme infidèle : il est important de noter que l'infidélité peut revêtir différentes formes, allant d'une liaison à long terme à une aventure d'un soir, voire à un recours à des professionnelles. La communication ouverte et honnête est essentielle dans une relation pour identifier et résoudre ce problème. Si vous soupçonnez que votre partenaire est infidèle, il est important de lui en parler calmement et directement.

Cependant, il est également important de ne pas sauter trop rapidement aux conclusions. Les signes d'une infidélité potentielle peuvent parfois être dus à d'autres facteurs, tels que le stress au travail ou des problèmes personnels. Donnez à votre partenaire l'occasion de s'expliquer avant de prendre des décisions définitives.

4. Conseils pour éviter les hommes infidèles : la meilleure façon de protéger votre cœur et votre bonheur est de choisir soigneusement votre partenaire dès le départ.

Voici quelques conseils pour éviter les hommes infidèles :

- la communication est la clé : assurez-vous que la communication est ouverte et honnête dans votre relation. Encouragez la transparence et le dialogue.

- apprenez à connaître son passé : comprendre le passé de votre partenaire peut vous aider à mieux comprendre ses tendances. Posez des questions sur ses expériences précédentes et sur la façon dont il a géré les relations. Vous pouvez aussi obtenir des informations auprès de son entourage, surtout si vous avez des amis en communs. Il faut aussi avoir une certaine logique. L'amoureux d'une de mes amies a trompé puis quitté sa femme pour venir avec elle. Bien évidemment le même schéma s'est reproduit ensuite, à ses dépens cette fois-ci. Un homme dont on sait déjà qu'il est infidèle ne peut pas avoir notre confiance.

- faites confiance à votre intuition : si quelque chose vous semble anormal, ne l'ignorez pas. Écoutez votre intuition et abordez les problèmes avec sensibilité.

- soyez prête à mettre fin à une relation toxique : si vous réalisez que votre partenaire est infidèle et qu'il ne montre aucun remords ni volonté de changer, soyez prête à mettre un terme à la relation pour préserver votre bien-être. Je dirais même, soyez sans pitié.

Chapitre 2

Les hommes alcooliques et les drogués

Dans la liste des hommes à éviter, deux profils se démarquent : les alcooliques et les toxicomanes. Ce sont des individus en proie à des dépendances qui représentent un risque considérable. Les addictions peuvent exercer une influence profonde sur les relations amoureuses. Il est primordial de reconnaître les signes, de comprendre les dangers, d'évaluer les conséquences, et de savoir comment éviter de vous engager avec des hommes confrontés à ces problèmes.

1. Les dangers de la dépendance : les hommes alcooliques et drogués peuvent être charmants et séduisants au départ, mais leur dépendance peut rapidement se révéler destructrice pour eux-mêmes et pour leurs relations. Les dangers de la dépendance sont nombreux, tant sur le plan de la santé que sur le plan émotionnel.

- santé physique et mentale : l'abus d'alcool et de drogues peut entraîner des problèmes de santé graves, notamment des dommages aux organes, des troubles mentaux et des problèmes cognitifs.

- comportement imprévisible : les personnes dépendantes peuvent avoir un comportement imprévisible et parfois violent sous l'influence de l'alcool ou des drogues, mettant en danger leur sécurité et celle de leur partenaire.

- problèmes légaux : les hommes dépendants sont plus susceptibles d'entrer en conflit avec la loi en raison de comportements illicites liés à leur dépendance. Ces problèmes légaux peuvent avoir des conséquences financières et légales graves, et vous pourriez être involontairement impliquée. Par exemple, si vous êtes arrêtée par la police en possession de substances interdites que votre partenaire a laissées dans votre véhicule, vous pourriez être considérée comme étant responsable de ces produits. Il est essentiel de comprendre les risques légaux liés à la dépendance de votre partenaire pour protéger votre propre bien-être et éviter de vous retrouver dans des situations difficiles.

2. Comment reconnaître l'alcoolisme et la toxicomanie : il est essentiel de pouvoir reconnaître les signes de l'alcoolisme et de la toxicomanie chez un homme, car cela peut aider à prendre des décisions éclairées quant à une relation potentielle.

- consommation excessive et fréquente : les signes d'alcoolisme et de toxicomanie incluent une consommation excessive d'alcool ou de drogues, souvent accompagnée d'une tolérance croissante.

- retrait social : les hommes dépendants ont tendance à se retirer socialement, à négliger leurs responsabilités et à s'isoler de leurs proches.

- changements d'humeur : des sautes d'humeur fréquentes, des épisodes de dépression ou d'anxiété, ainsi que des comportements impulsifs sont des signes d'abus de substances.

3. Les conséquences d'une relation avec un homme dépendant : être dans une relation avec un homme alcoolique ou toxicomane peut être une expérience extrê-

mement difficile et douloureuse. Les conséquences peuvent être dévastatrices, tant sur le plan émotionnel que pratique.

- tensions et conflits : les dépendances entraînent souvent des tensions, des disputes et des conflits récurrents au sein du couple.
- déception et trahison : les promesses non tenues et la trahison découlant de la dépendance peuvent causer une douleur émotionnelle profonde.
- isolement et aliénation : les proches d'une personne dépendante peuvent se sentir isolés et aliénés, car la dépendance prend le pas sur la relation.

4. Comment éviter les hommes alcooliques et drogués : la meilleure façon d'éviter de vous impliquer avec un homme alcoolique ou toxicomane est de prendre des précautions.

Voici quelques conseils pour éviter ces types de partenaires :

- soyez attentive aux signaux d'alarme : soyez vigilante face à des signes de dépendance potentiels, tels que la consommation excessive d'alcool, la possession de drogues ou des changements d'humeur.
- posez des questions sur son passé : demandez à votre partenaire sur son histoire en matière de consommation d'alcool et de drogues. La transparence est essentielle.
- écoutez votre instinct : si quelque chose vous semble anormal ou inquiétant, ne l'ignorez pas. Votre instinct peut vous guider dans la prise de décisions éclairées.
- évitez la co-dépendance : assurez-vous de ne pas tomber dans la co-dépendance en essayant de sauver ou de changer votre partenaire. Vous ne pouvez pas le forcer à changer s'il ne le souhaite pas. De plus, il est pos-

sible que cet homme tente de vous entraîner dans sa propre dépendance, comme l'a vécu une de mes amies qui fréquentait quelqu'un en proie à une addiction. Au lieu de vouloir arrêter sa consommation, cette personne encourageait mon amie à en faire autant. Dans de tels cas, la meilleure option est la rupture si vous souhaitez bénéficier d'une relation ultérieure saine et épanouissante, avec une autre personne.

Chapitre 3

Les hommes violents

Parmi les différents types d'hommes à éviter, il en est un dont les méfaits sont souvent exposés dans les médias, bien que les faits connus ne soient probablement que la partie émergée de l'iceberg : les hommes violents. Je vous encourage vivement à les fuir comme la peste, car c'est une question de survie. Nous allons voir comment les identifier, comment vous protéger, et comment vous épargner une relation potentiellement dangereuse et mortelle.

1. Les différents types de violence : la violence dans une relation peut prendre de nombreuses formes, allant au-delà des images stéréotypées que nous avons en tête. Il est essentiel de comprendre les différents types de violence pour mieux les détecter.

- la violence physique : cette forme de violence implique des actes physiques, comme les coups, les gifles, les poussées, ou tout autre comportement qui cause des dommages corporels.

- la violence émotionnelle : la violence émotionnelle se manifeste par des insultes, des atteintes à l'estime de soi, des menaces verbales et un contrôle excessif.

- la violence psychologique : elle consiste en la manipulation mentale, le chantage émotionnel, l'isolement de la victime, et la destruction de sa confiance en elle.

- la violence sexuelle : la violence sexuelle englobe le viol, les agressions sexuelles, ainsi que des actes sexuels non consentis.

2. Les signes précurseurs de la violence : il est important de reconnaître les signes précurseurs de la violence pour agir à temps et pour protéger votre sécurité émotionnelle et physique. Ces signes peuvent inclure :

- une jalousie excessive et la possessivité : un homme qui contrôle excessivement vos activités, vos amitiés et votre vie en général peut devenir violent lorsque vous essayez de vous émanciper.

- une colère incontrôlée : des explosions de colère non justifiées, des éclats de rage et des accès de violence verbale sont des signes alarmants.

- des menaces ou un comportement intimidant : des menaces de violence ou un comportement intimidant sont inacceptables et doivent être pris au sérieux.

- la dégradation de l'estime de soi : les insultes constantes et les commentaires dégradants sur votre apparence ou vos compétences sont des signaux d'alarme.

3. Comment se protéger et chercher de l'aide : si vous vous trouvez dans une relation avec un homme violent, il est crucial de prendre des mesures pour vous protéger.

Voici quelques étapes importantes à suivre :

- assurez votre sécurité physique : si vous craignez pour votre sécurité, cherchez de l'aide immédiatement et éloignez-vous de toute situation dangereuse.

- parlez à quelqu'un en qui vous avez confiance : partagez votre situation avec un ami, un membre de la famille ou un professionnel. Ils peuvent vous soutenir dans le processus de recherche d'aide.

- contactez des services d'aide : des organisations et des lignes d'assistance sont disponibles pour les victimes de violence. N'hésitez pas à les contacter pour obtenir de l'aide et des conseils.

- établissez un plan de sécurité : si vous envisagez de quitter la relation, élaborez un plan de sécurité qui inclut des endroits sûrs, un soutien émotionnel, et des moyens de vous protéger.

4. Éviter les hommes violents : la meilleure façon de prévenir la violence dans une relation est de choisir un partenaire qui ne présente pas de signes de violence potentielle.

Voici quelques conseils pour éviter les hommes violents :

- soyez attentive aux signaux d'alarme : dès le début de la relation, soyez vigilante face à des signes de violence potentielle, tels que la jalousie excessive ou des explosions de colère.

- posez des questions sur son passé : demandez à votre partenaire sur son passé en matière de violence. La transparence est essentielle.

- écoutez votre instinct : si quelque chose vous semble anormal ou inquiétant, ne l'ignorez pas. Votre instinct peut vous guider dans la prise de décisions éclairées.

- soyez prête à mettre fin à une relation toxique : si vous réalisez que votre partenaire est violent et qu'il ne montre aucun remords ni volonté de changer, soyez prête à mettre un terme à cette relation pour préserver votre bien-être et votre sécurité.

Chapitre 4

Les hommes joueurs

C'est une catégorie qui est bien souvent oubliée lorsqu'on parle des hommes à éviter : les hommes joueurs. Je ne parle pas de ceux qui ont de l'humour, je ne parle pas non plus de ceux, bien moins agréables et sur lesquels nous parlerons plus tard, qui s'amusent de nous, non je parle de ceux qui ont des soucis avec les jeux et plus particulièrement les jeux d'argent. Les joueurs sont ceux qui prennent des risques excessifs, dans le domaine des jeux de hasard et cette conception de la vie se retrouve aussi, pour certains, dans leur approche des relations. Nous allons maintenant examiner les signes comportementaux des hommes joueurs, les risques associés aux jeux de hasard et comment éviter de vous impliquer avec des hommes joueurs.
1. Les signes comportementaux des hommes joueurs : le comportement d'un homme joueur peut se manifester de différentes manières, que ce soit dans les jeux de hasard ou dans la vie quotidienne. Il est essentiel de reconnaître les signes qui indiquent qu'un homme peut être un joueur.
- des prises de risques excessives : les hommes joueurs ont l'habitude de prendre des risques inconsidé-

rés, que ce soit en dépensant des sommes considérables, souvent au casino, mais aussi ailleurs, comme aux courses, ou en faisant preuve d'impulsivité dans leurs actions.

- un désir constant de sensations fortes : ils recherchent l'excitation constante et ont du mal à rester satisfaits de la routine.

- une mauvaise gestion financière : les hommes joueurs peuvent avoir des problèmes financiers liés à leurs habitudes de jeu excessives, ce qui peut également affecter leur capacité à gérer leur vie quotidienne.

- des changements fréquents dans les relations : ils peuvent avoir du mal à maintenir des relations stables, car ils sont souvent à la recherche de nouveauté et d'excitation.

2. Les risques associés aux jeux de hasard : les jeux de hasard peuvent être une source d'amusement pour certaines personnes, mais ils comportent des risques importants, en particulier pour les hommes joueurs, car ils ne peuvent pas se retenir.

- des pertes financières : le jeu excessif peut entraîner des pertes financières graves, qui peuvent avoir un impact sur la qualité de vie de l'individu et de sa famille. Je dois ici vous faire état du cas d'une amie qui vivait en concubinage avec un joueur. Celui-ci cachait son addiction aux jeux. Il se rendait discrètement dans des casinos où il perdait tout son argent. N'ayant plus d'argent pour satisfaire son addiction aux jeux il a dérobé à mon amie son propre argent, qu'il a bien évidemment perdu. Elle a alors pris la seule décision qui convenait. Elle l'a quitté et elle a déposé plainte contre lui.

- des problèmes de santé mentale : les joueurs peuvent développer des problèmes de santé mentale, tels que la dépression et l'anxiété, en raison du stress lié aux pertes financières et à la recherche constante de sensations fortes.

- l'impact sur les relations : le jeu excessif peut entraîner des tensions dans les relations et des problèmes de confiance, car les partenaires peuvent se sentir délaissés au profit du jeu.

- l'isolement social : les joueurs peuvent s'isoler socialement en consacrant trop de temps aux jeux, au détriment de leurs relations avec leur famille et leurs amis.

3. Comment éviter les hommes joueurs : pour éviter de vous impliquer avec des hommes joueurs, voici quelques conseils à prendre en compte :

- soyez vigilante aux signes comportementaux : soyez attentive aux signes comportementaux de votre compagnon, comme la gestion financière imprudente, la recherche constante de sensations fortes et la propension à prendre des risques inconsidérés.

- posez des questions sur son passé : demandez à votre partenaire sur son histoire en matière de jeu. La transparence est essentielle pour comprendre ses antécédents.

- écoutez votre instinct : si vous ressentez que votre partenaire est excessivement obsédé par les jeux ou qu'il prend des risques inutiles, ne l'ignorez pas. Écoutez votre instinct et abordez le sujet avec sensibilité.

- soyez prête à mettre fin à une relation toxique : si vous réalisez que votre partenaire est un joueur invétéré et qu'il n'est pas disposé à changer, soyez prête à mettre un terme à la relation pour préserver votre bien-être.

Chapitre 5

Les pervers narcissiques

Attention danger, les pervers narcissiques sont capables de vous détruire. Ils cachent habituellement bien leur jeu et parviennent à vous manipuler totalement. Comprendre leurs traits distinctifs, les tactiques de manipulation et de contrôle qu'ils utilisent, ainsi que les moyens de vous prémunir contre leur influence toxique est essentiel pour préserver votre personne.

1. Comprendre les traits du narcissisme pathologique : le narcissisme pathologique est une condition où l'individu a un sens exagéré de sa propre importance, un besoin constant d'admiration et un manque d'empathie envers les autres.

Voici quelques traits caractéristiques des pervers narcissiques :

- une grandiosité excessive : ils ont une vision démesurée d'eux-mêmes et se considèrent supérieurs aux autres.

- un besoin d'admiration constante : les pervers narcissiques recherchent une validation constante de leur valeur et de leurs actions.

- un manque d'empathie : ils ont peu de considération pour les émotions et les besoins des autres, ce qui les rend incapables de se mettre à la place d'autrui.
- l'envie et l'arrogance : ils sont souvent envieux des réussites des autres et peuvent se montrer arrogants pour compenser leurs propres insécurités.

2. Les tactiques de manipulation et de contrôle : les pervers narcissiques utilisent diverses tactiques pour manipuler et contrôler ceux qui les entourent. Il est essentiel de reconnaître ces stratégies pour vous prémunir contre leur influence.

- amour-bombe : plus connue sous son appellation anglo-saxonne de "love bombing", cette technique consiste à vous submerger d'amour et d'attention au début de la relation pour vous attirer, puis à réduire progressivement cet amour dans le but de vous manipuler et de gagner du contrôle sur vous.

- dévalorisation : avec cette technique les pervers narcissiques critiquent constamment, dévalorisent et dénigrent leur partenaire pour les maintenir sous leur emprise.

- isolement : ils essaient de vous isoler de votre famille et de vos amis pour vous rendre dépendant d'eux.

- manipulation émotionnelle : ils jouent sur vos émotions pour obtenir ce qu'ils veulent, utilisant la culpabilité, la peur ou l'intimidation.

- projection : ils projettent leurs propres défauts et faiblesses sur vous, vous faisant douter de votre propre réalité.

3. Comment se prémunir contre les pervers narcissiques : pour vous protéger contre les pervers narcissiques, voici quelques étapes importantes à suivre :

- soyez attentive aux signes : soyez vigilante face aux signes de narcissisme pathologique, tels que la grandiosité excessive, le manque d'empathie et les manipulations émotionnelles.

- soyez assertive : affirmez-vous et définissez vos limites clairement. Les pervers narcissiques ont du mal avec les personnes assertives.

- consultez un professionnel : si vous pensez être en relation avec un pervers narcissique, envisagez de consulter un thérapeute ou un conseiller pour obtenir du soutien et des conseils.

- écoutez votre instinct : si vous ressentez que votre partenaire vous manipule ou vous dévalorise, ne l'ignorez pas. Écoutez votre instinct et prenez des mesures pour vous protéger, la meilleure de toute étant la rupture définitive, pour ne pas dire la fuite.

Chapitre 6

Les hommes émotionnellement indisponibles

Certains hommes ont un "léger souci" avec les émotions, au point de rendre les relations difficiles. Ce sont les hommes émotionnellement indisponibles. Comprendre les signes de leur indisponibilité émotionnelle, les défis que cela pose dans les relations, et comment les éviter est essentiel.

1. Les signes d'indisponibilité émotionnelle : l'indisponibilité émotionnelle peut se manifester de différentes manières. Il est essentiel de reconnaître les signes d'indisponibilité émotionnelle pour ne pas vous engager dans une relation qui ne répondra pas à vos besoins.

- un évitement des conversations sur les sentiments : les hommes émotionnellement indisponibles évitent les discussions sur leurs sentiments et sont peu enclins à partager leurs émotions.

- une distance émotionnelle : ils maintiennent une distance émotionnelle par rapport à leur partenaire, ce qui crée un fossé dans la relation.

- une peur de l'engagement : l'indisponibilité émotionnelle est souvent liée à une peur de l'engagement, que ce soit envers une relation à long terme ou envers des projets futurs.

- une difficulté à montrer de l'empathie : ils ont du mal à se mettre à la place des autres et à ressentir de l'empathie, ce qui peut créer des tensions dans la relation.

2. Les défis des relations avec les hommes émotionnellement indisponibles : les relations avec ces hommes sont souvent parsemées de défis, ce qui peut causer du stress émotionnel.

- un sentiment de solitude : vous pouvez vous sentir seule dans la relation en raison du manque de connexion émotionnelle.

- de la frustration : le manque de communication et d'ouverture émotionnelle peut provoquer de la frustration.

- une difficulté à résoudre les conflits : les désaccords et les conflits peuvent être difficiles à résoudre en l'absence d'ouverture émotionnelle.

- l'insécurité : vous pouvez développer des sentiments d'insécurité en raison du manque d'engagement émotionnel de votre partenaire.

3. Comment éviter les hommes émotionnellement indisponibles : pour éviter de vous engager avec des hommes émotionnellement indisponibles, voici quelques conseils à considérer :

- soyez attentive aux signes : dès le début de la relation, soyez vigilante face aux signes d'indisponibilité émotionnelle, tels que l'évitement des conversations sur les sentiments et la distance émotionnelle.

- communiquez ouvertement : encouragez la communication ouverte et honnête dans la relation. Exprimez vos besoins émotionnels et assurez-vous que votre partenaire est prêt à répondre à ces besoins.

- soyez prête à mettre fin à une relation non satisfaisante : si vous réalisez que votre partenaire est émotionnellement indisponible et qu'il n'est pas disposé à changer, soyez prête à mettre un terme à la relation pour préserver votre bien-être.

Chapitre 7

Les hommes financièrement irresponsables

L'argent est un aspect important de la vie, et il joue un rôle significatif dans nos relations. Je sais que cela a mauvaise presse auprès des hommes qui estiment que nous sommes financièrement intéressées, mais nous n'avons aucune envie de nous retrouver dans le besoin et de ne pas pouvoir profiter de la vie. Et nous en avons encore moins envie si cette situation résulterait d'un homme inapte à gérer les finances. Malheureusement les hommes financièrement irresponsables existent. Nous allons voir maintenant les conséquences de leurs problèmes financiers dans une relation, comment identifier l'irresponsabilité financière, et enfin, comment éviter d'engager une relation avec des hommes qui ne gèrent pas leur argent de manière responsable.
1. Les conséquences des problèmes financiers dans une relation : les problèmes financiers dans une relation peuvent avoir un impact profond et durable sur la dynamique du couple.
Voici quelques-unes des conséquences possibles :
- des tensions constantes : les difficultés financières peuvent entraîner des conflits constants dans la relation, car l'argent est souvent source de stress.

- une dépendance financière : si l'un des partenaires est financièrement irresponsable, l'autre peut devenir la seule source de revenus, ce qui crée une dépendance malsaine.

- une perte de confiance : les mensonges ou la dissimulation de problèmes financiers peuvent conduire à la perte de confiance au sein du couple.

- une stagnation financière : les partenaires peuvent être entravés dans leurs objectifs financiers, car l'argent est détourné pour résoudre les problèmes financiers de l'un d'entre eux.

2. Comment identifier l'irresponsabilité financière : il est essentiel de reconnaître les signes d'irresponsabilité financière pour éviter de vous engager dans une relation qui pourrait être préjudiciable sur le plan financier.

Voici quelques signes à prendre en compte :

- des dépenses impulsives : l'incapacité à résister aux dépenses impulsives, souvent au-delà des moyens financiers.

- un endettement excessif : des dettes importantes et la difficulté à gérer ou à réduire ces dettes.

- un manque de planification financière : l'absence de planification financière à long terme, comme l'absence d'épargne pour l'avenir.

- une dissimulation financière : la dissimulation de dépenses ou de dettes à son partenaire.

3. Conseils pour éviter les hommes financièrement irresponsables : pour éviter de vous engager avec des hommes financièrement irresponsables, voici quelques conseils à suivre :

- discutez ouvertement des finances : dès le début de la relation, entamez des discussions honnêtes sur les finances pour vous assurer que vous partagez des valeurs financières similaires.

- soyez vigilante aux signes d'irresponsabilité financière : soyez attentive aux signes tels que les dépenses impulsives, les dettes excessives et le manque de planification financière.

- établissez des limites financières claires : définissez des limites financières et discutez de la manière dont vous gérerez les finances ensemble.

- consultez un professionnel : si votre partenaire a des problèmes financiers sérieux, envisagez de consulter un conseiller financier ou un thérapeute pour obtenir de l'aide et des conseils.

Chapitre 8

Les hommes manipulateurs et menteurs chroniques

Alors là, encore des hommes à fuir. Les menteurs chroniques et les manipulateurs peuvent sembler charmants au premier abord, mais leur comportement peut être toxique pour une relation. Nous allons voir comment reconnaître la manipulation et la tromperie, les effets que ces comportements peuvent avoir sur la confiance et la relation, ainsi que des conseils pour éviter de vous impliquer avec des hommes manipulateurs et menteurs chroniques.

1. Comment reconnaître la manipulation et la tromperie : il est essentiel de savoir identifier la manipulation et la tromperie pour préserver votre bien-être dans une relation.

Voici quelques signes à prendre en compte :
- des mensonges fréquents : les menteurs chroniques mentent régulièrement, même pour des choses insignifiantes.
- une manipulation émotionnelle : ils utilisent les émotions pour obtenir ce qu'ils veulent, par le biais de chantage, de la culpabilisation ou de la victimisation.

- l'isolement : ils essaient de vous isoler de vos amis et de votre famille pour exercer un contrôle plus important.

- des promesses non tenues : ils font constamment des promesses qu'ils ne tiennent pas et ne prennent pas leurs engagements au sérieux.

2. Les effets sur la confiance et la relation : la manipulation et la tromperie peuvent avoir des effets dévastateurs sur la confiance et la santé de la relation.

Voici quelques conséquences possibles :

- une perte de confiance : les mensonges et la manipulation entraînent une perte de confiance, ce qui peut rendre difficile la construction d'une relation saine.

- un sentiment de trahison : vous pouvez vous sentir trahie lorsque vous découvrez que vous avez été manipulée ou trompée.

- un stress émotionnel : la manipulation constante et les mensonges chroniques génèrent du stress émotionnel et de l'instabilité dans la relation.

- une perte d'estime de soi : la manipulation peut vous faire douter de vous-même et de vos propres besoins, ce qui nuit à votre estime de soi.

3. Éviter les hommes manipulateurs et les menteurs chroniques : pour éviter de vous impliquer avec des hommes manipulateurs et des menteurs chroniques, voici quelques conseils à suivre :

- soyez vigilante aux signes : dès le début de la relation, soyez attentive aux signes de manipulation et de tromperie, comme les mensonges fréquents et la manipulation émotionnelle.

- communiquez ouvertement : encouragez la communication ouverte et honnête dans la relation pour prévenir la dissimulation et la manipulation.

- consultez un professionnel : si vous êtes en relation avec un manipulateur chronique, envisagez de consulter un thérapeute ou un conseiller pour obtenir du soutien et des conseils.

- soyez prête à mettre fin à une relation toxique : si vous réalisez que votre partenaire est un menteur chronique et un manipulateur, soyez prête à mettre un terme à la relation.

Chapitre 9

Les hommes incapables de s'engager

Être capable de s'engager sérieusement dans une relation est un élément essentiel pour le développement et le maintien de celle-ci. Pourtant certains hommes sont malheureusement incapables de s'engager d'une manière significative. Nous allons voir les signes qui révèlent l'incapacité de s'engager sérieusement, les défis qu'une telle situation pose dans une relation, et comment éviter de débuter une relation avec des hommes qui ne sont pas prêts à s'engager d'une façon inconditionnelle.

1. Les signes qui révèlent l'incapacité de s'engager sérieusement : il est important de reconnaître les signes révélateurs de l'incapacité de s'engager sérieusement, pour éviter de vous retrouver dans une relation où vos attentes ne seront pas comblées.

Voici quelques signes à surveiller :
- la peur de se projeter dans le futur : les hommes qui ont peur de s'engager peuvent être hésitants à parler d'avenir et à s'impliquer dans des projets à long terme, tels que la cohabitation, le mariage ou la fondation d'une famille.

- une instabilité émotionnelle : ils peuvent avoir des sautes d'humeur fréquentes et être incapables de maintenir une stabilité émotionnelle dans la relation.
- le maintien d'une vie indépendante : ils peuvent préserver leur indépendance à tout prix, ce qui peut entraver leur capacité à partager leur vie avec une partenaire.

2. Les défis d'une relation avec un homme qui ne s'engage pas sérieusement : les relations avec des hommes incapables de s'engager peuvent être complexes et générer des défis.

Voici quelques difficultés que vous pourriez rencontrer :
- la frustration : l'incapacité de votre partenaire à s'engager peut provoquer de la frustration, car vos attentes d'une relation sérieuse ne sont pas satisfaites.
- l'insécurité : vous pourriez développer des sentiments d'insécurité en raison de l'incertitude de la relation.
- le sentiment d'être négligée : vous pourriez vous sentir négligée, car votre partenaire maintient une vie indépendante sans tenir compte de vos besoins émotionnels.
- une difficulté à planifier l'avenir : les projets communs, comme acheter une maison ou fonder une famille, peuvent être difficiles à réaliser.

3. Comment éviter les hommes incapables de s'engager : pour éviter de vous impliquer avec des hommes incapables de s'engager sérieusement dans une relation, voici quelques conseils à considérer :
- soyez vigilante aux signes : dès le début de la relation, soyez attentive aux signes qui révèlent l'incapacité de s'engager sérieusement, tels que la peur de se pro-

jeter dans le futur ou l'évitement des discussions sur l'avenir.

- communiquez ouvertement : encouragez une communication ouverte et honnête sur vos attentes en matière d'engagement et assurez-vous que votre partenaire est sur la même longueur d'onde.

- soyez prête à mettre fin à une relation non satisfaisante : si vous réalisez que votre partenaire n'est pas prêt à s'engager de tout cœur, soyez prête à mettre un terme à la relation pour préserver votre bien-être.

Chapitre 10

Les hommes jaloux et possessifs

La jalousie excessive et la possessivité sont des comportements qui peuvent être très préjudiciables dans une relation. Les hommes qui présentent ces défauts sont le plus au souvent, au minimum, particulièrement lourds et peuvent devenir dangereux. Nous allons voir les signes de la jalousie excessive et de la possessivité, les conséquences que ces comportements peuvent avoir sur une relation, et des conseils pour éviter de vous engager avec des hommes jaloux et possessifs.

1. Les signes de la jalousie excessive et de la possessivité : il est crucial de reconnaître les signes de la jalousie excessive et de la possessivité pour préserver votre bien-être dans une relation.

Voici quelques signes à surveiller :

- un contrôle excessif : les hommes jaloux et possessifs essaient de contrôler vos actions, de votre emploi du temps à vos interactions sociales.

- des accusations infondées : ils vous accusent souvent d'infidélité ou de comportements inappropriés sans preuves concrètes.

- l'isolement : ils peuvent essayer de vous isoler de vos amis et de votre famille pour exercer un contrôle plus important.

- une violence émotionnelle : ils utilisent des tactiques de manipulation émotionnelle pour vous faire douter de votre propre fidélité et de votre valeur.

2. Les conséquences sur la relation : la jalousie excessive et la possessivité ont des conséquences graves sur une relation.

Voici quelques-unes des conséquences possibles :

- du stress et de la tension : les conflits liés à la jalousie et à la possessivité génèrent un stress émotionnel constant dans la relation.

- une perte de liberté : vous pouvez vous sentir étouffée et incapable de mener une vie indépendante.

- une perte de confiance : les accusations constantes peuvent entraîner une perte de confiance au sein du couple.

- un cycle de violence : la jalousie excessive peut évoluer vers des comportements violents, tant émotionnels que physiques.

3. Comment éviter les hommes jaloux et possessifs :

Pour éviter de vous impliquer avec des hommes jaloux et possessifs, voici quelques conseils à considérer :

- soyez vigilante aux signes : dès le début de la relation, soyez attentive aux signes de jalousie excessive et de possessivité, tels que le contrôle excessif et les accusations infondées.

- établissez des limites claires : définissez des limites en matière de comportement acceptable et communiquez-les à votre partenaire.

- consultez un professionnel : si la jalousie et la possessivité deviennent incontrôlables, envisagez de consulter un thérapeute ou un conseiller pour obtenir de l'aide et des conseils.

- soyez prête à mettre fin à une relation malsaine : si votre partenaire refuse de changer son comportement jaloux et possessif, soyez prête à mettre un terme à la relation.

Chapitre 11

Les hommes avec des problèmes de communication

Nous allons maintenant aborder le cas des hommes qui rencontrent des problèmes de communication. Il est bien connu que la communication est le fondement de toute relation saine. Cependant, il se trouve que certains membres de la gent masculine éprouvent des difficultés à ce niveau. Nous explorerons les obstacles qui entravent une communication efficace, comment améliorer la communication dans une relation, ainsi que des conseils pour éviter de vous engager avec des hommes qui ont du mal à s'exprimer clairement.

1. Les obstacles à une communication efficace : les problèmes de communication peuvent être très préjudiciables dans une relation.

Voici quelques obstacles qui peuvent entraver une communication efficace :

- une mauvaise écoute : certains hommes peuvent avoir du mal à écouter activement et à comprendre les besoins et les préoccupations de leur partenaire.

- un évitement des conflits : ils peuvent éviter les conflits à tout prix, ce qui peut entraîner des problèmes non résolus.

- une communication passive-agressive : certains utilisent la communication passive-agressive pour exprimer leur mécontentement au lieu de s'exprimer ouvertement.

- des difficultés à exprimer leurs émotions : ils peuvent avoir du mal à exprimer leurs émotions et à communiquer ouvertement sur leurs sentiments.

2. Comment améliorer la communication dans une relation : améliorer la communication dans une relation est essentiel pour favoriser la compréhension mutuelle et la résolution des conflits

Voici quelques conseils pour y parvenir :

- pratiquez l'écoute active : apprenez à écouter activement votre partenaire en prêtant une attention totale à ce qu'il dit et en posant des questions pour clarifier sa pensée.

- exprimez vos besoins et vos émotions : soyez ouverte et honnête en exprimant vos besoins et vos émotions de manière constructive.

- gérez les conflits de manière saine : faites de votre mieux pour gérer les conflits de manière constructive, en restant respectueuse et en cherchant des solutions mutuellement acceptables.

- consultez un professionnel si nécessaire : si la communication est un problème persistant dans la relation, envisagez de consulter un thérapeute ou un conseiller conjugal pour obtenir de l'aide.

3. Comment éviter les hommes avec des problèmes de communication : pour éviter de vous engager avec des hommes qui ont des problèmes de communication, voici quelques conseils à prendre en compte :

- soyez vigilante aux signes : dès le début de la relation, soyez attentive aux signes d'une mauvaise communication, tels que l'évitement des conflits ou la communication passive-agressive.

- communiquez sur l'importance de la communication : assurez-vous que votre partenaire comprend l'importance de la communication dans une relation et qu'il est disposé à travailler sur ce point.

- soyez prête à mettre fin à une relation si la communication reste un problème insurmontable : si la communication reste un obstacle majeur dans la relation malgré vos efforts, soyez prête à mettre un terme à la relation.

Chapitre 12

Les hommes aux valeurs ou objectifs incompatibles avec les vôtres

Les valeurs et les objectifs de vie sont des éléments essentiels d'une relation solide, car ils déterminent la direction que vous souhaitez prendre dans votre vie. Nous allons maintenant voir le cas des hommes aux valeurs ou objectifs incompatibles avec les vôtres. En effet des conflits peuvent découler de ces divergences, ce qui nous impose de savoir comment identifier ces incompatibilités, et nous vous donnerons des conseils pour éviter de vous engager avec des hommes qui ne partagent pas vos valeurs ou objectifs de vie.

1. Les conflits liés aux valeurs et aux objectifs de vie : les conflits liés aux valeurs et aux objectifs de vie peuvent être particulièrement délicats à gérer dans une relation.

Voici quelques-uns des conflits potentiels :

- des conflits moraux : des différences de valeurs morales fondamentales peuvent entraîner des désaccords constants.

- des objectifs de vie incompatibles : si vos objectifs de vie sont diamétralement opposés, cela peut créer des tensions constantes.

- des différences religieuses : les croyances religieuses divergentes peuvent être source de conflit si elles ne sont pas gérées de manière appropriée.
- des divergences sur les priorités : si l'un de vous accorde plus d'importance à certaines valeurs ou objectifs, cela peut créer des conflits.

2. Comment identifier des incompatibilités : il est important de pouvoir identifier des incompatibilités liées aux valeurs et aux objectifs de vie dès le début d'une relation.

Voici comment procéder :
- discutez ouvertement : entamez des discussions honnêtes sur vos valeurs et vos objectifs de vie pour identifier les similitudes et les différences.
- écoutez attentivement : écoutez attentivement votre partenaire et assurez-vous de bien comprendre ses valeurs et ses aspirations.
- observez les actions : les actions en disent souvent plus long que les paroles. Observez comment votre partenaire mène sa vie pour voir s'il est en accord avec ses déclarations.
- soyez attentive aux signaux d'alarme : soyez vigilante aux signaux d'alarme, tels que des conflits fréquents liés à des valeurs incompatibles.

3. Comment éviter les hommes avec des valeurs ou des objectifs incompatibles : pour éviter de vous engager avec des hommes dont les valeurs ou les objectifs de vie sont incompatibles avec les vôtres, voici quelques conseils à considérer :
- soyez vigilante dès le début : dès le début de la relation, soyez attentive aux signes d'incompatibilité en matière de valeurs ou d'objectifs de vie.
- discutez des divergences : si vous identifiez des divergences, discutez-en ouvertement avec votre parte-

naire pour voir s'il est disposé à faire des compromis ou à trouver des solutions.

- soyez prête à mettre fin à une relation incompatible : si vous réalisez que vos valeurs et objectifs de vie sont trop éloignés pour être compatibles, soyez prête à mettre un terme à la relation pour préserver votre bien-être.

Chapitre 13

Les hommes immatures

Nous allons voir maintenant le cas d'hommes qui ne présentent pas une dangerosité particulière mais qui peuvent être particulièrement difficiles à vivre pour une femme. Non ils ne sont pas méchants, en général, mais ils sont fatiguants et peuvent être inadaptés pour une vie de couple. En effet en tant que femmes lorsque nous cherchons un partenaire pour une relation sérieuse, nous aspirons à une connexion profonde avec un homme mature qui partage nos valeurs et nos objectifs. Cependant, il arrive que nous rencontrions des hommes qui présentent des signes d'immaturité, ce qui peut compliquer la relation, voire la compromettre définitivement. C'est pourquoi nous allons voir les comportements et les signes d'immaturité chez les hommes. Nous allons aussi traiter des défis potentiels que cela peut entraîner et vous donner des conseils pour reconnaître ces signes et prendre des décisions éclairées.
   1. Les signes d'immaturité : l'immaturité chez les hommes peut se manifester de différentes manières. Il est important de reconnaître ces signes pour évaluer si une relation est viable.

Voici quelques signes d'immaturité à prendre en considération :
- l'obsession pour les jeux vidéo : lorsqu'un homme passe un temps excessif à jouer à des jeux vidéo cela peut trahir un manque de responsabilité et de maturité. Il peut également avoir du mal à équilibrer ses loisirs avec ses obligations et avoir tendance à vous négliger.
- les compétitions sportives (dans le canapé devant la télévision) : une autre forme d'immaturité chez les hommes peut se manifester par une obsession pour regarder sans cesse des compétitions sportives à la télévision, en particulier le football. Bien sûr, il est tout à fait normal de s'intéresser au sport et de regarder des compétitions de temps en temps. Cependant, lorsque cette passion pour le sport devient une priorité absolue, au détriment des responsabilités et des engagements, cela peut trahir un manque de maturité. Les hommes qui passent la majeure partie de leur temps à regarder des matchs de football au lieu de s'occuper de leurs devoirs et obligations peuvent ne pas être prêts à assumer les responsabilités d'une relation sérieuse. Une telle obsession peut également entraîner un déséquilibre entre les loisirs et les obligations, ce qui peut avoir un impact négatif sur la relation. Il est important de reconnaître que la maturité dans une relation implique de trouver un équilibre entre les intérêts personnels et les responsabilités, et de ne pas laisser une passion exclusive pour le sport prendre le pas sur les autres aspects de la vie.
- un comportement enfantin : certains hommes peuvent adopter un comportement enfantin en s'habillant de manière inappropriée pour leur âge, en évitant les responsabilités ou en agissant d'une manière impulsive.

- un manque de stabilité émotionnelle : l'incapacité à gérer les émotions de manière mature peut entraîner des sautes d'humeur fréquentes et des réactions excessives aux défis de la vie quotidienne.

- la peur de l'engagement : les hommes immatures peuvent hésiter à s'engager dans une relation sérieuse ou à prendre des décisions importantes, ce qui peut rendre la relation instable.

2. Les défis des relations avec des hommes immatures : les relations avec des hommes immatures peuvent être parsemées de défis qui nécessitent une réflexion sérieuse.

Voici quelques-uns des défis potentiels que vous pourriez rencontrer :

- un manque de responsabilité : un homme immature peut avoir du mal à assumer ses responsabilités, ce qui peut entraîner des déséquilibres financiers, familiaux, ou professionnels.

- un stress émotionnel : les sautes d'humeur et l'incapacité à gérer les émotions de manière mature peuvent entraîner un stress émotionnel pour vous, ce qui peut affecter votre bien-être.

- une instabilité dans la relation : le manque d'engagement et l'impulsivité peuvent rendre la relation instable, avec des hauts et des bas constants.

3. Conseils pour éviter les hommes immatures : si vous repérez des signes d'immaturité chez un homme que vous fréquentez ou envisagez de fréquenter, voici quelques conseils pour prendre des décisions éclairées :

- communiquez vos attentes : discutez ouvertement de vos attentes concernant la relation et l'engagement. Veillez à ce que vous soyez sur la même longueur d'onde quant à la direction que prend la relation.

- observez la stabilité émotionnelle : assurez-vous que votre partenaire est capable de gérer ses émotions de manière mature et qu'il ne vous entraîne pas dans des conflits inutiles.

- équilibrez les loisirs et les responsabilités : si votre partenaire est passionné par les jeux vidéo ou d'autres loisirs, assurez-vous qu'il équilibre cela avec ses responsabilités et ses engagements.

- soyez prête à prendre des décisions : si les signes d'immaturité persistent et que la relation devient toxique, soyez prête à prendre des décisions pouvant aller jusqu'à la rupture pour préserver votre bien-être.

Table des matières

Avant-propos..7
Chapitre 1 – Les hommes infidèles.........................9
Chapitre 2 – Les hommes alcooliques et les drogués 13
Chapitre 3 – Les hommes violents.........................17
Chapitre 4 – Les hommes joueurs..........................21
Chapitre 5 – Les pervers narcissiques....................25
Chapitre 6 – Les hommes émotionnellement indisponibles..29
Chapitre 7 – Les hommes financièrement irresponsables..33
Chapitre 8 – Les hommes manipulateurs et menteurs chroniques...37
Chapitre 9 – Les hommes incapables de s'engager 41
Chapitre 10 – Les hommes jaloux et possessifs.....45
Chapitre 11 – Les hommes avec des problèmes de communication..49
Chapitre 12 – Les hommes aux valeurs ou objectifs incompatibles avec les vôtres.................................53
Chapitre 13 – Les hommes immatures...................57